LE COMTE MAROT
DE LA GARAYE

Paris. — Imprimé chez Bonaventure, Ducessois et Cie
55, quai des Augustins.

LE COMTE MAROT
DE LA GARAYE

ÉTUDE BIOGRAPHIQUE

D'APRÈS LES RÉCITS CONTEMPORAINS

PAR

MARIE PEIGNÉ

PARIS
LIBRAIRIE DE Mme BACHELIN-DEFLORENNE
RUE DES PRÊTRES-SAINT-GERMAIN-L'AUXERROIS, 14
Au premier, près la place de l'École.

1864

PREFACE

*

Entrez dans une école : le premier enfant que vous interrogerez, pour peu qu'il ait de la mémoire, vous racontera toutes les belles choses de l'antiquité ; il connaît, sur le bout du doigt, l'histoire romaine, et ne vous fera pas grâce d'une des bonnes œuvres de Titus ou de Trajan.

Mais, si vous le questionnez sur ce qui s'est

passé, le siècle dernier, dans le pays même qu'il habite. vous n'obtiendrez aucune réponse. Qu'on lui demande, par exemple, ce qu'était, ce que fit M. de la Garaye! Il y a, près de Dinan, des ruines qui portent ce nom : voilà tout ce qu'il en sait. Hors de là, vous n'en tirerez pas plus, que si vous l'aviez interrogé sur la vie intime d'un chef de tribu des Moskitos ou de la Patagonie.

Et pourtant, ce comte de la Garaye était un grand bienfaiteur de l'humanité, un homme qui a poussé la charité jusqu'à l'héroïsme, qui a fondé des hôpitaux, des pharmacies, des écoles gratuites sur plusieurs points d'une province jadis déshéritée,—un savant, qui a doté la science de plus d'une découverte précieuse!

Quand donc, au lieu de fatiguer la mémoire des jeunes gens de tout ce fatras de dates et de faits souvent apocryphes, se résignera-t-on à leur enseigner l'histoire de leur propre pays, à les familiariser avec les monuments, les lieux, les souvenirs qui les entourent? Quand en sauront-ils autant sur le coin de terre qui les a vus naître, que sur Rome, Athènes, le Japon et la Cochinchine?

En publiant une biographie de M. de la Garaye, d'après des récits contemporains presque introuvables aujourd'hui, l'auteur n'a d'autre but que de mieux faire connaître les services immenses rendus à la Bretagne par ce généreux châtelain, et de rendre ainsi un modeste hommage à la mémoire d'un homme qui, depuis longtemps, devrait avoir une statue.

Dinan, le 11 janvier 1864.

LE COMTE MAROT

DE LA GARAYE

I

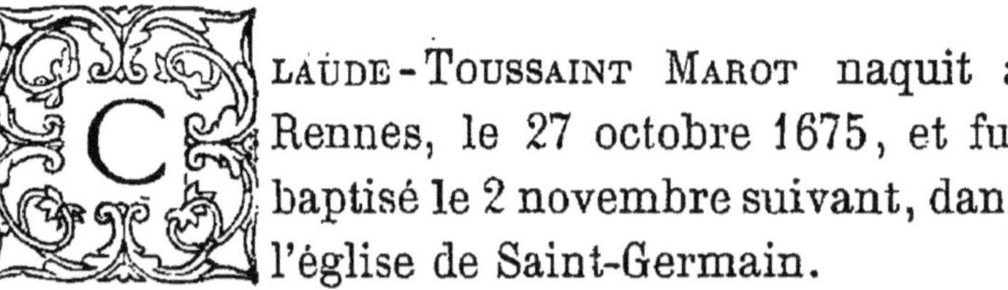

Claude-Toussaint Marot naquit à Rennes, le 27 octobre 1675, et fut baptisé le 2 novembre suivant, dans l'église de Saint-Germain.

Il était le second enfant du mariage de Guillaume Marot, conseiller au Parlement de Bretagne, qui fut nommé, quelques années après, gouverneur des ville et château de Dinan, et de Françoise-Marie de Marbœuf, petite-fille du président de ce nom.

L'aîné, qui mourut de bonne heure, épousa

mademoiselle Louët de Coëtgenval, belle-sœur de M. du Harlay, premier président du Parlement de Paris.

Il eut, plus tard, deux autres frères, dont l'un devint M. de Blaison, et l'autre, qui se destinait à l'état ecclésiastique, atteignit à peine l'âge de quinze ans.

Sa sœur se maria, vers 1696, à Joseph Dubreil, comte de Pontbriand; nous aurons plusieurs fois, dans le cours de ce récit, l'occasion de parler de cette femme vertueuse, qui, veuve à trente ans, voulut, elle aussi, se consacrer tout entière au service des pauvres.

II

Les parents du jeune Claude étaient d'une piété remarquable. Possesseurs d'une fortune considérable, et jouissant, dans le grand monde, d'une haute estime qu'ils devaient encore plus à leurs vertus qu'à leur naissance, leurs noms étaient vénérés de tous et leur bienfaisance était proverbiale.

Un jour, le comte se promenait dans son parc, quand il aperçut, de loin, un malheureux paysan, qui, monté dans un arbre, l'émondait sans pitié. Il prit garde de l'effrayer, et, par un sentiment de délicatesse qu'il est permis de trouver excessif, il se cacha derrière un talus, attendant, pour continuer sa route, que le maraudeur eût abandonné le terrain.

Le soir, il fit appeler au château le paysan, pauvre père de famille du voisinage.

—Pardon, monseigneur, s'écria ce dernier en se jetant aux genoux de son maître, mes enfants mouraient de froid, et je suis dans la misère!...

—Pourquoi ne me demandiez-vous pas du bois, au lieu d'en voler? répondit doucement le comte.

Et il fit donner à l'indigent ébahi des fagots et du pain.

L'éducation de l'enfance exerce une grande influence sur le reste de la vie. De ce côté donc, Claude Marot fut vraiment privilégié, et peut-être dut-on aux bons principes qu'il reçut dans ses premières années comme aux bons exemples qu'il eut constamment sous les yeux, le bien qu'il accomplit dans la suite et qui fera bénir éternellement sa mémoire.

Il est une chose qu'on n'oublie jamais, où qu'on aille et quoi qu'on devienne : c'est la parole d'une mère. Quelquefois, sans doute, il arrive que les passions prennent le dessus : mais tôt ou tard, dans une de ces heures de dégoût et d'ennui qu'on éprouve, — même au sein de l'opulence et des plaisirs, — on se souvient du temps heureux où les conseils se mêlaient aux caresses, et, malgré soi, l'on prête l'oreille à cette voix du passé qui parle si doucement au cœur. Ainsi verrons-nous M. de la Garaye revenir, après de longs égarements, aux enseignements qu'il avait reçus de sa mère, hélas! pendant trop peu de temps.

Car la comtesse mourut jeune!... elle avait à peine passé vingt-six ans sur cette terre, que déjà Dieu la trouva mûre pour le ciel...

Claude partit alors pour Paris, en compagnie de son frère aîné, avec lequel il acheva ses études au collége d'Harcourt. Doué d'une vive intelligence, il ne négligeait aucun moyen de s'instruire, et, par son travail, il devint bientôt un des meilleurs élèves de cette fameuse institution. Il cultivait, en même temps et avec succès, tous les arts d'agrément : d'après le témoignage de ses biographes contemporains, il montait à cheval comme le premier écuyer venu, dansait avec beaucoup de grâce et tirait les armes de telle façon qu'il pouvait, sans désavantage, s'escrimer avec les plus habiles prévôts de la salle.

En un mot, il y avait, dans le jeune étudiant du collége d'Harcourt, toute l'étoffe d'un vrai gentilhomme : sa vie ne démentit pas les espérances que sa jeunesse avait fait concevoir.

III

Quand on est ainsi riche et fêté, le séjour de Paris n'est qu'une tentation continuelle, qui, pour le fils du comte Marot, était d'autant plus dangereuse qu'il n'avait, près de lui, personne pour le retenir. Il effeuilla sa jeunesse avec une insouciante gaieté : pouvait-il en être autrement? Mais, s'il ne fut pas moins ardent qu'un autre au plaisir, il eut toujours une qualité, qui, dans la circonstance, pouvait passer pour une vertu, — la sobriété, — et c'est à elle qu'il dut de conserver, après plusieurs années de dissipations et de folies, toute la fraîcheur de son intelligence. Peut-être ne faut-il pas lui en faire un trop grand mérite, car une violente migraine, à laquelle il était sujet depuis son enfance et dont il souffrit cruellement jusqu'à la fin, ne lui permit jamais de boire avec excès.

La mort de son père [1], arrivée en 1693, décida de sa vocation, et, peu de temps après, les deux Marot entrèrent dans le régiment des mousquetaires, — corps très-recherché des cadets de famille, mais qui ne se distinguait pas alors par excès de discipline [2]. Ils se firent remarquer par leur bravoure dans maintes circonstances, et notamment au siége de Namur. Courageux jusqu'à la témérité, Claude surtout avait toutes les qualités du soldat et le plus brillant avenir lui semblait réservé dans la carrière des armes.

---

[1] Le comte Guillaume Marot de la Garaye mourut à Coutances, le vendredi 23 janvier 1693, à l'âge de 45 ans. Suivant son désir, ses restes furent inhumés, avec une grande pompe, le dimanche 2 février, dans l'église paroissiale de Saint-Malo de Dinan, où sa famille possédait un tombeau, qui fut détruit pendant la Révolution.

Il s'adonnait à la pratique de toutes les dévotions religieuses, et l'on raconte qu'après sa mort, on le trouva couvert d'un cilice.

[2] Ils y connurent intimement le chevalier des Gravelles, qui s'était fait, comme duelliste, une triste réputation.

IV

SUR ces entrefaites, le mari de mademoiselle Louët de Coëtgenval vint à mourir, laissant à Claude Marot le titre de comte et la fortune de la maison. Ce changement inespéré dans sa position l'engagea à quitter l'armée, et, vers la fin de 1690, le jeune officier de mousquetaires rentra en Bretagne.

Malgré la beauté des sites qui l'entourent, le manoir de la Garaye était, après tout, une assez triste résidence pour un gentilhomme de vingt-cinq ans habitué à la vie bruyante de la capitale.

Aussi le comte faisait-il de fréquentes excursions à Rennes, où sa famille possédait un hôtel.

C'est dans un de ces voyages qu'il rencontra mademoiselle Marie-Marguerite de la Motte-Picquet, nièce du héros d'Ouessant, fille du greffier en chef au Parlement de Bretagne.

Elle était jeune, riche et belle : dix-neuf ans à peine ! L'abbé d'Argenson, depuis archevêque de Bordeaux, disait que « ses grâces la rendaient l'idole du monde. »

Pieuse et bonne, elle joignait aux dons de l'esprit les vertus du cœur.

Le comte l'aima dès qu'il la vit, et, le 5 janvier 1701, l'évêque de Rennes bénissait leur union.

Sur l'avis de son beau-père, M. de la Garaye acheta, quelques mois après son mariage, une charge de conseiller au Parlement de Bretagne. Mais cette place, qui exigeait une continuelle assiduité, ne convenait guère au caractère quelque peu aventureux du jeune seigneur, qui se démit de ses nouvelles fonctions et vint habiter le château de ses pères, au milieu des riches campagnes de la Garaye.

Les châtelains commencèrent alors une joyeuse vie.

Les fêtes se succédaient presque sans interruption à la Garaye, qui devint le rendez-vous de toute la noblesse bretonne.

Le comte aimait passionnément la chasse, et, tous les jours, il s'y livrait, au grand désespoir des paysans d'alentour, dont les récoltes étaient souvent endommagées par sa meute, qui passait pour la plus belle de la province.

Il y avait au chenil cent couples de chiens choisis.

Madame de la Garaye, chasseresse intrépide, suivait son mari partout, et, vêtue en amazone, elle se faisait un jeu de sauter, à cheval, des fossés et des ravins que des écuyers aguerris n'osaient franchir.

V

Mais on se lasse de tout, même du plaisir, et M. de la Garaye réfléchit qu'un homme n'est pas sur la terre uniquement pour tuer des sangliers ou donner la chasse aux loups. Un accident, qui fit perdre à jamais à sa jeune femme l'espoir d'être mère, détruisit ses illusions et les rêves de bonheur qu'il formait pour l'avenir : puis il se prit à rougir de lui-même et jura de s'arracher, sans retour, à cette vie dans laquelle il gaspillait en pure perte son intelligence et sa santé.

Comme il se disposait à partir pour le midi de la

France, il apprit qu'un de ses anciens amis, M. de Talhouët, venait de mourir à l'abbaye de la Trappe, où il s'était retiré, laissant une immense fortune pour ne garder qu'un froc et changer son titre de marquis pour le nom modeste de frère Palémon. Cet exemple d'humilité le toucha profondément, et, quand il quitta la Garaye, il laissa pressentir à quelques personnes sa prochaine conversion.

En se rendant aux eaux de Bourbon, qui jouissaient alors d'une grande vogue, et dont les médecins avaient prescrit l'usage à la comtesse, il s'arrêta, durant quelques jours, dans une petite ville du Berry, où se trouvaient internés des prisonniers moscovites, que le gouvernement y avait sans doute oubliés, car la plupart d'entre eux étaient presque nus et tous mouraient de privations. Le comte était extrêmement sensible. Il ne put voir sans déchirement un pareil spectacle, et, le lendemain, grâce à sa générosité, les malheureux captifs recevaient des vêtements et des secours, en bénissant le nom de leur bienfaiteur inconnu. Il comprit alors le plaisir qu'on éprouve à faire une bonne action : il se sentit plus heureux en visitant cette prison, où la misère grouillait, qu'il ne l'avait jamais été dans les somptueuses réunions du château.

Il ne resta que peu de temps à Bourbon et revint

à Paris pour y étudier la pharmacie. Un chimiste très-renommé, M. Lemery, lui en enseigna les éléments, de sorte qu'à son retour en Bretagne, le comte était en état de se rendre utile aux malades indigents, en leur préparant gratuitement des remèdes.

Les jeunes châtelains virent moins de monde et parurent d'abord trouver des charmes à cette vie quasi solitaire.

Mais ces bonnes résolutions durèrent peu : un voyage que le comte fit en 1708 faillit les faire s'évanouir. Invité, durant son séjour à Fontainebleau, de suivre les chasses royales, le spectacle de la cour réveilla ses anciennes inclinations, et le converti de la veille eut un moment l'idée d'acheter une charge qui l'eût attaché à la suite du roi. Diverses circonstances retardèrent heureusement la réalisation de ce projet, et M. de la Garaye hésitait encore sur le parti qu'il devait prendre, quand il reçut de son beau-frère une lettre qui le mandait en toute hâte au château de Pontbriand.

VI

Un cinquième enfant venait de naître à M. de Pontbriand, et madame de la Garaye avait promis de tenir le nouveau-né sur les fonts baptismaux. Il y eut, à l'occasion du baptême, une grande fête de famille, qui, comme il arrive trop souvent, fut suivie d'un grand deuil. Une attaque d'apoplexie enleva subitement M. de Pontbriand. Pour transporter, suivant l'usage, son cadavre à la chapelle du château, il fallut traverser la chambre où se tenaient les jeunes enfants du défunt, qui se jetèrent, en criant, sur le cercueil de leur père. Cette scène déchirante frappa vivement l'imagination de M. de la Garaye, qui, tout ému de ce qu'il venait de voir et d'entendre, entra dans les appartements du P. Trottier, prieur des bénédictins de Saint-Jacut, appelé tout exprès pour annoncer à la noble veuve la fatale nouvelle et donner aux restes de son époux les derniers devoirs.

Pendant que tout le monde, à Pontbriand, était dans l'angoisse, il trouva le moine assis au coin du feu et lisant tranquillement son bréviaire. Son visage ne trahissait aucune émotion, et l'on aurait pu croire, en le voyant impassible à ce point, qu'il ignorait l'affreux malheur qui venait de frapper la famille.

M. de la Garaye ne put s'empêcher d'en faire la remarque.

—Vous êtes bien heureux, lui dit-il, les revers des autres ne vous atteignent pas.

—Non, monsieur le comte, répondit le prieur en fermant son livre : nous nous résignons à tout, pour que rien ne puisse nous surprendre...

—Et rien ne vous touche plus?...

—Oh! détrompez-vous... nous avons là, aussi, un cœur qui souvent se gonfle, et, malgré nous, il arrive parfois que nos yeux se mouillent, mais nous avons appris à nous soumettre en tout à la volonté de Dieu, et nous lui faisons volontiers le sacrifice de nos joies et de nos larmes.

—Il est vrai, reprit le comte, qui ne savait trop s'il devait blâmer ou admirer un calme pareil, il est vrai qu'entre vous et le monde s'élèvent les murs d'un cloître...

—On peut goûter la paix ailleurs que dans une cellule, monsieur le comte, et j'ai connu moi-même dans le monde plus d'un gentilhomme qui savait se tenir au-dessus des choses de la terre : il suffit de modérer ses affections et de chercher plus haut ses plaisirs. Croyez-moi, mon fils, — car vous permettrez à un vieillard de vous donner ce nom, — il est toujours facile de s'incliner devant les arrêts de la Providence, et, pas plus que la charité, la résignation n'est exclusivement une vertu monacale.

En prononçant ces dernières paroles, sur lesquelles il appuyait à dessein, le P. Trottier tendit la main au comte de la Garaye, qui, ne pouvant se contenir, la serra avec effusion et sortit sans répondre, mais en jetant au vieux moine un regard dans lequel celui-ci put lire, à travers les larmes, une sainte promesse.

Quand il fut seul, le prieur s'agenouilla et pria Dieu de l'aider dans la tâche qu'il lui avait inspirée; puis, après avoir pris congé des autres personnes présentes au château, il se mit en route vers l'abbaye.

VII

Le lendemain, dès le matin, un homme frappait à la porte du cloître de Saint-Jacut et remettait au P. Trottier une lettre de M. de la Garaye. Le prieur la lut rapidement, comprit, et, sans perdre un instant, monta sur le cheval qui l'attendait.

Deux heures après, il arrivait au château, et le comte lui faisait part de la résolution qu'il avait prise de se consacrer aux pauvres.

Le religieux l'écouta ; mais, en homme prudent, il le pria de réfléchir.

Le comte insista, et tous deux se rendirent près de madame de la Garaye.

En apprenant ce qui s'était passé, la jeune femme ne put retenir ses larmes : ils crurent un moment que tout allait échouer.

—Oh ! rassurez-vous, leur dit-elle ; je pleure, mais c'est de joie : je serai très-heureuse, moi aussi, d'être, dans ce pauvre pays, la servante des pauvres !

Le comte se jeta dans ses bras, et, pendant qu'ils s'embrassaient, le vieil abbé leva la main comme pour les bénir.

Le soir même, M. de la Garaye partit pour l'abbaye de Saint-Jacut de la Mer, pendant que la comtesse, accompagnée de madame de Pontbriand, se rendait à Saint-Malo, pour s'y préparer à sa nouvelle vie par quelques jours.

C'était en 1710.

Elle avait trente ans à peine ; son mari en avait trente-six.

Mais, avant de rentrer à la Garaye, les deux époux, suivant les conseils du P. Trottier, voulurent soumettre leur pieux projet à M. de la Bastie, évêque de Saint-Malo.

Ce prélat, qui avait une grande réputation de sagesse, n'y consentit que difficilement.

—Il faut quelquefois, leur dit-il, se défier des

élans trop généreux du cœur ; la résolution que vous avez prise est bien belle, sans doute, mais elle est aussi très-grave, et si, plus tard, le dégoût ou le découragement vous faisaient oublier votre promesse, vous vous exposeriez vous-mêmes à des railleries qui rejailliraient, en quelque sorte, jusque sur la religion.

—J'ai tout pesé, répondit le comte avec une assurance qui surprit l'évêque ; je vous promets de persévérer jusqu'au bout...

—Dieu vous entende ! ajouta le prélat, en bénissant du fond du cœur, et les larmes aux yeux, les jeunes châtelains.

Et il voulut les conduire lui-même dans le manoir de la Garaye, qui ne tarda pas de se transformer en hôpital.

M. de la Garaye avait juré de se séparer du monde et de se vouer, jusqu'à la mort, à l'exercice de la charité : un gentilhomme breton ne manqua jamais à sa parole.

VIII

Son premier soin fut de partager entre ses parents les meubles qui garnissaient les somptueux appartements de son château et qui devenaient au moins inutiles.

Le carrosse fut offert à M. de Blaison.

Une montre, enrichie de perles du plus grand prix, fut vendue au profit des pauvres.

La comtesse donna ses robes tissées d'or et de soie aux paroisses voisines, qui en firent de riches ornements, et paya la dot d'une religieuse pauvre avec le produit de la vente des diamants qui garnissaient les boucles de ses souliers.

M. de la Garaye ne conserva pas même sa meute à laquelle il tenait beaucoup et dont il était fier; il ne garda que quelques chiens, car il ne chassa plus depuis sa conversion, si ce n'est, de temps à autre, pour tuer les loups qui désolaient le voisinage.

A partir de ce jour, il n'y eut plus de fêtes au manoir.

—Ouvrez, dit-il à ses gens, ouvrez à tous les malheureux qui se présenteront; mais s'il vient quelques-uns de mes anciens amis, répondez-leur que votre maître ne reçoit plus que ceux qui veulent bien l'aider à soigner les malades.

Plus d'un carrosse armorié s'arrêta devant cette consigne; mais un pauvre ne frappa jamais à la grille du château sans être affectueusement accueilli.

C'était une rude tâche qu'entreprenait là M. de la Garaye : il n'y faillit pas un seul instant.

Sa femme ne le quittait plus et devint, dans le pays, la providence de ceux qui souffraient. « Lorsque le comte eut pris le parti de se donner entièrement à Dieu, écrit M. de la Bastie, ce ne fut plus par une simple complaisance, mais de toute la plénitude de son cœur qu'elle imita un si grand exemple, sans être distraite ni par la diversité des caractères, ni par la vie retirée, si opposée à la façon de penser des femmes de son âge, ni par les agréments que tout lui promettait dans le monde. »

IX

Le château changea d'aspect.

Dans ses vastes salles, témoins autrefois de tant de folies, on éleva de longues tables, autour desquelles s'asseyaient, chaque jour, deux cents malheureux, dinannais ou étrangers. Les châtelains coupaient eux-mêmes le pain, distribuaient les portions et présidaient au repas, durant lequel ils faisaient une lecture édifiante.

Un médecin et un chirurgien appointés furent attachés à l'hôpital. Le comte s'occupait lui-même de la pharmacie avec une telle ardeur qu'il tomba bientôt dangereusement malade.

Pendant quelque temps, on craignit sérieusement pour ses jours; mais le Ciel exauça la prière des pauvres. Dès qu'il fut rétabli, sa première visite fut pour ses chers malades, et c'est alors que, dans une promenade qu'il fit à Dinan, il fonda chez un apothicaire de la ville une officine, où les pauvres recevaient gratuitement les remèdes dont ils avaient besoin.

Il y avait alors, dans les prisons de Dinan, un très-grand nombre de prisonniers anglais, atteints d'une fièvre si violente, que M. de Beauvais, lieutenant du roi, et plusieurs médecins en périrent. C'était quelque chose d'horrible à voir que ces malheureux entassés sous des voûtes humides et livrés, sans air et sans soin, à la maladie qui les dévorait. Personne n'osait en approcher; la peur de la contagion éloignait les plus braves. M. de la Garaye les visita plusieurs fois, donnant de l'argent aux plus pauvres, à tous des consolations. Il put facilement se convaincre que la principale cause du mal était le défaut de linge et la malpropreté dégoûtante qui régnait dans ces réduits; le jour même, il en écrivit à M. de Pontchartrain, qui s'empressa, sur sa demande, de faire distribuer aux prisonniers des draps et des remèdes, et, au bout d'une huitaine, le fléau diminua.

Parmi ceux qu'il avait arrachés ainsi à une mort certaine se trouvait un jeune officier d'une haute naissance, frère d'un des lords les plus riches et les plus considérés de la Grande-Bretagne. Celui-ci, pour témoigner sa reconnaissance au gentilhomme breton, lui envoya six chiens de chasse; la reine Anne en ajouta deux, sur le collier desquels elle fit graver ses armes.

Rien n'était plus propre à réveiller chez un homme récemment converti la passion de la chasse : M. de la Garaye ferma courageusement l'oreille à la tentation, et ce fut M. de Blaison qui profita du présent de la reine d'Angleterre.

X

Dans maintes circonstances, M. de la Garaye s'était pris à regretter de ne pouvoir lui-même soigner les malades : il se rendit à Paris, vers la fin de 1714, pour y étudier la médecine.

Il n'y resta pas longtemps.

Des affaires de famille l'ayant ramené en Bretagne, il profita de son voyage pour faire une visite à la fameuse abbaye de la Trappe, où il passa huit jours, pendant lesquels sa femme demeura dans le monastère des Clairets. Tous deux sortirent de cette retraite, animés d'un nouveau zèle et, plus que jamais, dévoués à leur sainte mission. Leur second séjour à Paris dura six mois, qu'ils consacrèrent à l'étude de la chirurgie; chaque jour, accompagnés d'un habile médecin, ils suivaient les cours de la *Charité* et de l'*Hôtel-Dieu*, et se faisaient un devoir d'assister, quelquefois même de prendre part aux opérations les plus pénibles.

Des travaux, entrepris dans une si généreuse pensée, ne devaient pas rester stériles: aussi, quand il quitta la capitale, le comte pouvait diriger et exécuter lui-même tous les pansements.

XI

Dès qu'ils furent de retour à la Garaye, les pieux châtelains s'occupèrent d'approprier à leur nouvelle destination les divers appartements du château. Les anciennes écuries furent transformées en infirmerie, disposée sur le modèle des hôpitaux de Paris. Le chenil lui-même fut utilisé, et c'est alors que fut bâti, dans la cour d'entrée, le pavillon qu'on y voit encore, et dans lequel on ménagea une chapelle pour les infirmes et un laboratoire pour la pharmacie.

Dans un établissement où l'on comptait déjà

plus de deux cents pensionnaires, dont la plupart étaient alités, il fallait nécessairement beaucoup d'ordre, et le comte s'empressa d'organiser le service.

Voici le règlement qu'il adopta et qu'on suivit toujours à la Garaye.

Le lever des personnes valides avait lieu, en toute saison, à cinq heures et demie. M. de la Garaye demeurait dans son cabinet, lisait quelques ouvrages de médecine et faisait sa correspondance. Il n'en sortait qu'à sept heures, pour réciter, dans une des salles, la prière, à laquelle tout le monde, excepté les malades, était tenu d'assister, puis il présidait au pansement. Pendant que, aidé, comme toujours, d'un chirurgien il faisait sa première visite, la comtesse dressait les lits avec les femmes de service et préparait elle-même la charpie, le linge et les autres objets nécessaires.

Après la messe, qui se disait à neuf heures, M. et madame de la Garaye rentraient dans leur appartement. Le reste de la matinée était consacré aux gens du dehors, qui venaient en foule demander des conseils et des remèdes. De temps en temps, la noble hospitalière parcourait les salles, veillant à tout, interrogeant les malades, les consolant, parfois même les égayant d'un mot pour rire. C'est à peine s'ils pouvaient prendre une demi-heure de repos avant le déjeuner, dont le menu plus que frugal effrayerait les gourmets de nos jours ; ils se rendaient ensuite au réfectoire et servaient eux-mêmes les plus infirmes.

Après midi, c'était le moment de la récréation.

Sur les instances de sa femme, qui craignait avec raison qu'un changement de vie aussi brusque n'altérât la santé de son mari, le comte montait à cheval à peu près tous les jours, visitait ses fermiers et faisait autour de son parc une courte promenade, pendant laquelle madame de la Garaye demandait à la musique ou à la peinture quelques distractions.

Le soir, la cloche réunissait tout le monde au réfectoire, où l'on récitait le chapelet; puis, c'était le souper, immédiatement suivi de la prière et d'une petite instruction faite par l'aumônier, en forme de causerie. Le repas du château n'avait lieu qu'à six heures et demie et ne se prolongeait guère au de là de vingt minutes : au lever de table, on se promenait sur la terrasse, et, vers huit heures, en tout temps, le comte recevait le chirurgien de service, donnait ses ordres pour la nuit et se retirait dans son cabinet, où il travaillait quelquefois fort tard.

Telle fut, pendant près de quarante ans, la règle

qu'on suivit à l'hospice de la Garaye, et le comte ne souffrait pas qu'on y commît la moindre infraction.

XII

Dès l'année 1710, le nombre des malades secourus à l'hôpital de la Garaye dépassait deux cents. Malgré son zèle, le comte ne put suffire à la tâche, et le mauvais état de sa santé le contraignit à augmenter le personnel médical de sa maison. Un homme qui se recommandait également par ses vertus et ses connaissances, M. de Belleville-Robin, devint chirurgien en chef et eut sous ses ordres trois autres médecins appointés, dont deux étaient attachés au service des infirmeries, pendant que le troisième était presque exclusivement chargé de visiter les villages voisins.

Deux fois par jour, au pansement, M. de la Garaye faisait à des internes une sorte de cours, et bientôt son château fut une véritable école, qui compta de nombreux élèves et qui fournissait chaque année d'excellents praticiens. Il s'adjoignit, pour la préparation des médicaments, un jeune médecin de Dinan, et des religieuses aidaient la comtesse à soigner les maladies des yeux. La noble hospitalière avait acquis une telle habileté dans l'art difficile d'abaisser les cataractes et de faire l'opération de la fistule lacrymale, que, d'après le témoignage d'un biographe contemporain, elle rendit la vue à plus d'un infirme, abandonné par les plus célèbres oculistes de Paris.

Plusieurs cures merveilleuses étendirent au loin leur réputation, et bientôt il leur arriva des malades jusque d'Angleterre. Le dévouement avec lequel M. de la Garaye avait soigné, dans le château de Dinan, les prisonniers anglais décimés par la fièvre avait rendu son nom populaire de l'autre côté du détroit.

On raconte qu'un pauvre tisserand de Londres, atteint d'un mal incurable, entendit parler du comte et passa la mer: il vint à la Garaye demander une place, qui lui fut immédiatement accordée. Il se nommait Michel Pillon. Pendant qu'il suivait le long et pénible traitement qu'exigeait son état à peu près désespéré, sa femme mourut, laissant, dans la grande ville, deux petits enfants, qui n'avaient, pour vivre, d'autre pain que celui de l'aumône. A cette seule pensée, le cœur du père se souleva, et, bien qu'encore souffrant, il voulut partir, sans calculer le danger d'un pareil voyage : mais son bienfaiteur le retint, et, par ses soins, les orphelins arrivèrent, un mois après, au château, où ils demeurèrent pendant plusieurs années.

Quelque temps avant Michel Pillon, M. de la Garaye avait admis une jeune Anglaise, nommée mademoiselle Tompson et appartenant à une famille fort riche de la Grande-Bretagne: Quand elle fut rétablie, elle demanda comme une faveur de rester à l'hospice, et, de protestante exaltée, devint fervente catholique.

XIII

Car, comme le dit M. de la Bastie, le comte de la Garaye voulait que les malades trouvassent chez lui « non-seulement la santé du corps, mais la vie de l'âme. »

Un chapelain, désigné par l'évêque de Saint-Malo, disait tous les matins la messe à la chapelle, visitait fréquemment les malades et se consacrait, d'un bout de la journée à l'autre, à leur instruction religieuse. Le maître lui-même ne se reposait sur personne du soin de parler à ses pauvres du Dieu qui bénit et console : c'était lui qui faisait après la prière quotidienne, une lecture pieuse, et, depuis son pèlerinage à l'abbaye de la Trappe, il avait pris l'habitude de développer et d'expliquer, chaque dimanche, un passage de l'Évangile. Il s'adonnait d'ailleurs à toutes les pratiques de dévotion. Sa piété, reposant sur une foi aussi solide qu'intelligente, était également éloignée de la superstition des consciences faibles et de la roideur des esprits forts. « Je ne sais, disait un prélat que nous avons souvent l'occasion de citer, je ne sais, si l'on trouverait dans le royaume un évêque dont le zèle soit plus éclairé que le sien. »

Personne, surtout, ne comprenait mieux que lui les devoirs de la charité et ne les remplissait plus largement. Souvent il arriva qu'il eut à soigner des gens de mauvaises mœurs : il les plaignait, essayait, par d'affectueuses remontrances, de les ramener dans une voie meilleure, mais jamais les fautes de ceux qui se présentaient ne furent à ses yeux un motif d'exclusion. « Dans les pauvres qui frappent à ma porte, répétait-il, je ne vois et ne dois voir que des frères qui souffrent. » — Belle maxime, à laquelle il demeura toujours fidèle, et qu'il serait bon de mettre en pratique, en ce temps où la charité et la tolérance ne marchent pas toujours de compagnie.

XIV

Une ancienne comédienne, que son âge avait forcée d'abandonner le théâtre, vint un jour prier M. de la Garaye de la recevoir. Ses traits portaient l'empreinte des passions et des orages de sa jeunesse, autant que des souffrances d'une extrême misère. On s'empressa de l'accueillir. Vers le milieu de l'année 1718, elle fut atteinte d'une fièvre maligne et pourprée, qui s'aggrava tellement qu'on perdit bientôt l'espoir de la sauver.

M. de la Garaye la visita fréquemment, s'asseyant à son chevet, recevant la confidence de ses malheurs et lui parlant, avec autant de douceur que de prudence, de ses devoirs religieux, — devoirs, hélas! qu'elle avait étrangement méconnus!

Peu à peu, les conseils du comte touchèrent cette pauvre femme: elle appela l'aumônier et racheta, par un repentir sincère, les écarts de sa vie passée. « Je vous demande une grâce,— la dernière,— dit-elle à M. de la Garaye, c'est que vous m'assistiez jusqu'à la fin. » Le comte le promit: elle vécut deux jours encore, et sa mort fut édifiante.

Vers la même époque, une dame de Saint-Malo conduisit à la retraite de Taden une jeune fille âgée de dix-sept ans à peine, et qu'une troupe de saltimbanques avait enlevée à ses parents. La pauvre enfant était d'une beauté remarquable, et d'autant plus digne d'intérêt que les tristes exemples qu'elle avait chaque jour sous les yeux n'avaient pas étouffé complétement en elle les bons instincts. Touché de son malheur, M. de la Garaye pourvut à ses besoins et la plaça provisoirement dans la communauté des sœurs de la Croix, à Saint-Servan, où elle reçut une instruction convenable: puis il la rendit à sa mère, qui la recherchait vainement depuis plusieurs années.

Cependant le chef de la bande, ne trouvant pas

sa recrue et pensant bien qu'on l'avait emmenée à la Garaye, envoya pour la reprendre un de ses acteurs, jeune homme très-intelligent, qui, dans un moment de désespoir, s'était oublié jusqu'à monter sur les tréteaux, à la grande indignation de sa famille. Il était fatigué, lorsqu'il arriva. Le comte le retint à dîner, mais il mangea peu: en voyant les châtelains servir eux-mêmes leurs malades avec tant de dévouement, il eut honte et se prit à rougir. Après le repas, il sortit avec M. de la Garaye, qui, tout en le rassurant sur le sort de la jeune fille qu'il poursuivait, le plaignit affectueusement sur la vie aventureuse que mènent d'ordinaire les histrions de bas étage.

Le malheureux, pour la première fois peut-être, se rappela son enfance, les joies du foyer, les conseils et les caresses de sa vieille mère: il comprit alors le déshonneur de sa position; mais, dans l'abaissement où il était tombé, qui jamais eût voulu lui tendre la main?

Qui?.....

Le comte de la Garaye.

—Consolez-vous, mon ami, lui dit-il; si, comme je le crois, vos larmes sont sincères, entrez dans une église, priez Dieu de vous garder dans ces résolutions et revenez à moi: j'aime ceux qui souffrent,... et vous semblez avoir beaucoup souffert...

La chapelle du château était à deux pas; ils y entrèrent, s'agenouillèrent sur les dalles et prièrent longtemps: quand ils sortirent, le jeune homme se jeta aux pieds de son bienfaiteur.....

Il était sauvé!

Appartenant à une famille fort honorable de Besançon, il avait reçu, dans sa jeunesse, une instruction soignée et se destinait à l'étude de la chirurgie, quand une querelle et de tristes passions le jetèrent dans son ignoble métier. Il entra le jour même à la Garaye, suivit les cours, devint un des meilleurs élèves et plus tard un bon chirurgien. Malheureusement, sa santé était profondément altérée par de fréquentes débauches, et, malgré tous les soins qu'on lui prodigua, il mourut en bénissant le nom de celui qu'il regardait comme son père.

XV

Nous avons dit qu'en se débarrassant de sa meute, qui passait pour la plus belle de la province, M. de la Garaye n'avait retenu que quelques couples de chiens pour chasser les loups qui infestaient le pays et faisaient chaque jour des ravages dans les bergeries des fermes voisines. Pour occuper les ouvriers qui manquaient de travail, il fit creuser dans son parc, et de distance en distance sur toutes ses terres, des fosses qu'on recouvrait de trappes en genêts. Les bêtes qui ne soupçonnaient pas le piége tombaient et ne se relevaient plus. Mais ce mode de chasse n'était pas assez expéditif, et il avisa aux moyens de débarrasser définitivement de ces hôtes dangereux les abords du château. Il entoura son vaste parc d'une ceinture de pieux, en ménageant de larges portes qui, la nuit, donnaient passage aux loups et se fermaient au lever du jour ; dès le matin, il se mettait en route, et, aidé de ses serviteurs ou des rares amis qui le visitaient dans sa retraite, il les tuait facilement.

Le procédé ne laissait pas, il est vrai, que d'être dispendieux, et les chasseurs de nos jours sauraient, à moins de frais, organiser une battue. Mais le comte n'avait qu'un but : procurer de la besogne aux malheureux que le chômage et la cherté des subsistances réduisaient à la misère. Ce fut la même pensée qui le porta, plus tard, à établir, dans une des dépendances de sa maison, une fabrique de poterie, que le manque d'argile le força bientôt d'abandonner, et, à Dinan, une manufacture de cotonnades, qui occupa, durant plusieurs années, un grand nombre de femmes, d'enfants et de tisserands désœuvrés. A la suite d'une promenade qu'il fit sur les bords de la Rance, il eut l'idée de créer des salines près de Châteauneuf; il construisit une longue digue, conquit sur la mer un terrain convenable, et les salines de Saint-Suliac produisent encore aujourd'hui du sel en quantité considérable.

Une famine survenait-elle; les pauvres arrivaient de tous côtés et recevaient, au château, tantôt de l'argent, tantôt du blé, d'autres fois des vêtements, suivant la nature de leurs besoins.

La mort frappait-elle une pauvre mère de famille; vite le comte s'enquiérait de la position des enfants, leur venait en aide, et les plaçait à ses frais dans un établissement de charité. En un mot, aucune misère ne passait inaperçue, et sa bienfaisance, en allant au-devant de ceux qui souffraient, leur épargnait cette impression pénible, cette sorte de honte qu'on éprouve toujours à dévoiler une détresse, même involontaire, et à tendre la main.

Car si jamais quelqu'un poussa la délicatesse jusqu'à l'excès, ce fut assurément l'homme généreux dont nous écrivons la vie. Pour avoir une idée des scrupules qui parfois le tracassaient, il suffit de lire ce qu'en dit un prélat, qui fut le confident intime de ses pensées et partagea ses bonnes œuvres :

« Nous nous entretenions souvent ensemble, — raconte dans ses *Mémoires* l'évêque de Saint-Malo, M. de la Bastie, — nous nous entretenions ensemble des moyens de rendre l'aumône plus méritoire pour celui qui la fait et plus utile à ceux qui la reçoivent. Il était difficile d'être quelque temps avec M. de la Garaye sans que le discours tombât sur cet objet, et il parlait alors de l'abondance de son cœur. Je lui disais que le plaisir de soulager les pauvres serait parfait, s'il ne s'en trouvait plusieurs qui abusent des aumônes pour mener une vie fainéante; — qu'à la vérité, la charité chrétienne ne voulait pas qu'on examinât si rigoureusement ceux à qui l'on donne, mais que cependant il était fâcheux d'entretenir l'oisiveté des mauvais pauvres, ordinairement plus importuns que les autres.

« — Puisque nous sommes sur cet article, me « dit-il un jour, je veux vous consulter sur une « peine que j'ai depuis longtemps. Il se présente « ici un nombre prodigieux de mendiants de pas- « sage, qui viennent à toutes les heures du jour, « et il s'en trouve beaucoup qui paraissent en « état de gagner leur vie... »

« Je savais, ajoute Mgr de la Bastie, que bien des gens, et surtout ceux qui regardent l'aumône moins comme un acte de charité que comme un arrangement de police, disaient assez hautement que les grandes charités de M. de la Garaye faisaient plus de mal que de bien, parce qu'elles attiraient de loin une quantité de pauvres, qui restaient ensuite dans le pays et diminuaient les aumônes naturellement destinées aux habitants. Aussi lui répondis-je que je ne voyais pas de mal à renvoyer des passants inconnus...; que le peu qu'on leur donnait montait à des sommes considérables qui pouvaient être employées beaucoup plus utilement...; que, d'ailleurs, on était bien aise d'avoir quelque temps à soi, et que le sien était précieux par l'emploi qu'il en faisait... »

Le prélat avait mal compris l'observation de son interlocuteur.

« A ces paroles, continue-t-il, M. de la Garaye m'arrêta :

« — Vous ne m'avez pas entendu... Je n'ai
« garde de me plaindre ni du temps que j'emploie
« à écouter les pauvres, ni de l'aumône que je
« leur fais. Dès qu'il s'en présente, je laisse tout
« pour leur parler et je n'en refuse aucun, mais
« je me livre quelquefois à ma vivacité avant de
« leur donner ; je les gronde de ne pas travailler,
« je leur reproche leur oisiveté, et il me semble
« que j'agis mal en cela. Je devrais commencer
« par faire l'aumône, et leur donner ensuite avec
« douceur les avis que je croirais nécessaires... »

Un pareil scrupule confondit M. de la Bastie, qui ne se sentit pas le courage de donner le conseil que le comte réclamait de son expérience et de sa sagesse.

« Quand on pousse la charité pour les pauvres à cette délicatesse de sentiment, répondit-il, on peut sans crainte suivre ce qu'elle inspire. Une charité aussi parfaite est toujours accompagnée de la prudence nécessaire : elle a aussi ses vivacités, qui, loin d'en diminuer le prix, la rendent peut-être plus méritoire. »

XVI

Pour être plus utile à ses chers malades, M. de la Garaye s'adonnait, avec un zèle qui ne se ralentissait pas, à l'étude de la chimie. Son but, en poursuivant ses recherches scientifiques, malgré les occupations pressantes dont il était accablé, n'était pas d'attacher à son nom une célébrité, dont il jouissait déjà et que sa modestie ne désira jamais. Non! frappé de l'impuissance de la médecine, dans certains cas, il voulait découvrir quelque remède nouveau qui fût de quelque secours aux malheureux qui, chaque jour, venaient lui demander assistance et guérison.

Dieu devait bénir des travaux inspirés par une pareille pensée ! Aussi le comte ne tarda-t-il pas à obtenir des résultats remarquables.

Au moyen de l'eau mise en mouvement, il parvint à extraire, sans l'aide du feu, des plus durs métaux des sels, qui, doués des propriétés les plus actives, gardaient, sous une forme peu volumineuse, tous les principes du corps dont on les tirait. Cette découverte, qui fit beaucoup de bruit, attira sur lui l'attention des savants et l'Académie des sciences daigna s'en occuper.

« La méthode de la Garaye, » — lisons-nous dans un rapport qui fut présenté à cette compagnie, le 25 mai 1754, par M. Macquer, docteur régent de la Faculté de médecine de Paris, — « la « méthode de la Garaye a fourni des remèdes inu- « sités jusqu'alors, qui, sous quelque nom qu'on « les désigne, n'en sont pas moins estimables, « comme l'heureuse expérience qu'on en a faite « en est une preuve. Les malades dont M. de la « Garaye s'était fait une espèce de famille étaient « d'abord les seuls qui participassent aux avan- « tages de ses utiles découvertes. Mais bientôt « elles parvinrent aux oreilles du roi, qui voulut « que ces secrets, trouvés et distribués pour ainsi

« dire dans le silence, fussent rendus publics et « acquissent, par ses bienfaits, le droit précieux « de répandre sur son peuple et sur le genre hu- « main des secours jusque-là réservés à un petit « nombre de personnes. »

Toutefois, avant de publier cette découverte, dont il sentait l'importance, Louis XV désira juger par lui-même de l'efficacité des sels, et M. de la Garaye reçut l'ordre de se rendre à la cour, qui se tenait à Marly (1731). Il y fit, durant plusieurs jours, les expériences les plus curieuses et les plus décisives, en présence des premiers savants de l'époque et de toute la cour, qui l'accueillit avec une grande distinction.

Tout étonné du succès, le roi le remercia vivement et, pour l'encourager autant que pour le dédommager des dépenses auxquelles ses études scientifiques l'avaient entraîné, il lui fit compter cinquante mille livres tournois. Ce cadeau ne profita qu'aux pauvres, et le comte ne l'accepta lui-même que parce qu'il lui procurait le moyen de faire le bien plus largement encore.

Soit que Louis XV obéît à des influences hostiles ou bien à des scrupules que rien ne justifiait, soit que M. de la Garaye l'eût demandé lui-même, dans l'espoir d'arriver à des démonstrations plus complètes encore, les *sels essentiels*, auxquels il donna son nom, ne furent connus que quatorze ans après, en 1746, lorsqu'il imprima son mémoire intitulé : *Chimie hydraulique*, — livre introuvable aujourd'hui, et qui contenait une série d'estampes représentant le laboratoire de la Garaye et les instruments dont l'auteur se servait habituellement.

XVII

Vers le même temps, l'attention de Louis XV était appelée de nouveau sur le chimiste breton qui venait de trouver un procédé pour la dissolution des substances métalliques, « sans autre agent que les sels neutres secondés uniquement de la chaleur de l'air. »

« Cette dissolution, » dit M. Macquer, que nous aimons à citer, parce qu'il était un des hommes les plus savants de son époque, — « cette dissolution, avec d'autres préparations, a produit un « grand nombre d'excellents remèdes, soit inté-

« rieurs, soit extérieurs, dont l'expérience a dé-
« montré la vertu : la quintessence minérale,
« ainsi nommée par M. de la Garaye, cette liqueur
« chargée de marc, dont trente à quarante gout-
« tes, mêlées dans une pinte d'eau, lui donnent
« les principales qualités des eaux minérales fer-
« rugineuses telles que celles de Dinan. Un nom-
« bre plus que suffisant d'observations ont con-
« staté, de la manière la plus certaine, que cette
« liqueur est un médicament très-efficace, dans
« toutes les maladies pour la guérison desquelles
« on se sert des eaux ferrugineuses. La réputa-
« tion de cette nouvelle eau s'établit si bien, que
« beaucoup de personnes la préfèrent à celles de
« Dinan, les meilleures de toute la province. »

Le roi, qui prenait un vif intérêt à toutes ces questions, voulut que M. de la Garaye allât lui-même expliquer ses découvertes à la cour. Mais le comte, à qui son âge ne permettait plus de voyager, s'excusa de ne pouvoir se rendre à ce désir, et pria de désigner un homme de l'art, en présence duquel il se proposait de faire, à son château, des expériences qui ne laisseraient plus aucun doute.

Ce fut M. Macquer qui fut chargé de cette mission, et ce choix était d'autant plus heureux qu'à des connaissances très-étendues le régent de la faculté de médecine joignait une grande réputation de désintéressement. Personne, mieux que lui, n'était capable d'apprécier le mérite de M. de la Garaye, dont il était depuis longtemps l'ami.

M. Macquer vint donc en Bretagne et passa plusieurs semaines à faire des essais et à rédiger un Mémoire, dans lequel il consignait avec la plus scrupuleuse exactitude le résultat de ses observations.

De retour à Paris, il s'empressa de rendre compte au roi de tout ce qui s'était passé. Ce qu'il raconta parut si extraordinaire, qu'il fut invité de renouveler lui-même les expériences, sous les yeux du cardinal de Noailles, dans un laboratoire qu'on restaura tout exprès au château de Saint-Germain.

Dissoudre, sans le secours du feu, les métaux les plus durs, semblait à Son Éminence une utopie de savant : il lui fallut pourtant céder à l'évidence, et Louis XV, à la suite d'un rapport de l'Académie des sciences, signa, au profit du gentilhomme breton, une donation de 25,000 francs sur les postes.

Ce qu'il fit de cette somme,—due, comme la première, à la munificence d'un roi qui ne se montra pas toujours aussi simpathique à la vertu, — se devine aisément. Affligé de l'abandon dans lequel se trouvaient les malades indigents de la ville de Dinan, il acheta, non loin de l'église Saint-Malo, quelques maisons, où il installa des sœurs appartenant à cette pieuse et utile congrégation que la voix du peuple a baptisée du beau nom de *Filles de la Sagesse*. Cet institut, fondé par le vénérable abbé Grignon de Montfort, était déjà répandu dans plusieurs paroisses de Bretagne. Les premières religieuses qui s'établirent à Dinan sortaient de Saint-Sauveur en Poitou : quatre d'entre elles furent dotées, chacune de 150 livres de rente, et un revenu de 1,200 livres fut assuré pour les pauvres.

Alors, comme aujourd'hui, les filles de la Sagesse étaient vouées au service des hôpitaux et à l'instruction des jeunes filles : elles devinrent les dignes auxiliaires de M. de la Garaye, qui obtint pour elles des lettres patentes et leur confia la direction d'une pharmacie.

Déjà Dinan lui devait un hospice des incurables.

S'il est, en ce monde, quelqu'un qui ait besoin de commisération, ce sont assurément les malheureux atteints de maladies incurables. Singulière anomalie ! tant qu'il y avait pour eux quelque espoir de guérison, si faible qu'il fût, ils avaient droit à l'assistance publique ; mais si le mal était sans remède, — alors, comme à présent, les portes de l'hôpital leur étaient fermées, et les *incurables* gisaient, seuls, dénués de tout, dans un misérable réduit, jusqu'à ce qu'une âme charitable les recueillît et leur donnât, avec un peu de pain, un dernier asile pour y mourir en paix.

Ne prenant conseil que de son dévouement, M. de la Garaye créa, dans une dépendance de l'hôtel-Dieu, une infirmerie qui compta d'abord onze lits, puis dix-neuf, puis enfin vingt-quatre. Cette fois, il fut secondé par une femme qui consacra généreusement, elle aussi, à l'entretien du nouvel établissement, son temps et sa fortune, et dont le nom mériterait d'être inscrit sur le marbre : — mademoiselle Colin de Vaulembert !

Pourquoi faut-il que nous ayons à ajouter que, malgré tout le bien qu'il faisait autour de lui, le comte de la Garaye ne fut pas toujours compris de ses compatriotes, et qu'il eût été souvent découragé, s'il avait attendu des hommes sa récompense ?

Mais, au moins, son dévouement fut-il apprécié en haut lieu, par des hommes dont sa modestie ne lui permettait pas de rechercher les éloges, mais dont l'estime et les sympathies le soutinrent dans l'accomplissement de ce qu'il regardait, non sans raison, comme une mission providentielle.

Chevalier de Saint-Lazare depuis 1725, il devint grand hospitalier, pour la province de Bretagne, de l'ordre royal et militaire de Notre-Dame-du-Mont-Carmel et de Saint-Lazare de Jérusalem, dignité qu'il n'accepta qu'avec l'idée d'instituer un hôpital dans lequel tous les chevaliers auraient eux-mêmes soigné les pauvres. Il s'offrit, le premier, de meubler l'hôtel à ses frais et d'y passer une année : des difficultés, qu'il n'avait pu prévoir, arrêtèrent malheureusement la réalisation de ce projet.

Dans les dernières années surtout, il recevait, à son château, la visite d'une foule d'étrangers de distinction, qui se faisaient un honneur de saluer, en passant, le noble vieillard. On avait pour lui une telle vénération, que le marquis de Saint-Pern voulut l'offrir en exemple au jeune duc de Penthièvre, dont il était le gouverneur, et que le pape le fit complimenter par le prieur des capucins de Lamballe.

XVIII

Malgré les fatigues d'un pareil genre de vie, M. de la Garaye atteignit un âge très-avancé, et conserva, jusqu'à la fin, toute sa verdeur et son énergie.

Vers le commencement de l'année 1755, il sentit les premières atteintes d'un mal dont il ne se dissimula pas la gravité. Ses jambes enflèrent et la gangrène ne tarda pas de se déclarer; ses médecins essayèrent vainement de le rassurer sur son état et de lui inspirer une confiance qu'eux-mêmes ne partageaient plus : « Je vous ai appelés, leur dit-il en souriant, non pour vous demander une guérison que je sais impossible, mais pour que vous tranquillisiez ceux qui m'aiment. » Il reçut le viatique avec le calme d'un homme qui n'a rien à craindre de la mort, et fit ses adieux à sa femme, à laquelle il recommanda les pauvres, qui, suivant ses expressions, allaient devenir orphelins.

Dans la soirée du 2 juillet, il eut un violent accès de fièvre : il se fit asseoir dans un fauteuil, pria l'aumônier de lui donner l'extrême-onction et récita lui-même la prière des agonisants. Il parut prendre ensuite un moment de repos. Vers huit heures, il jeta un cri. Les gens qui veillaient à son chevet s'approchèrent :

M. de la Garaye venait de mourir !

Son corps fut déposé dans une chapelle ardente, et, le lendemain, les paroisses et les communautés de Dinan, auxquelles se joignit un grand concours de peuple, rendirent les derniers devoirs à celui qui avait terminé, par une mort courageuse, une vie consacrée tout entière au service de l'humanité.

Le voyageur, qui visite encore aujourd'hui le petit cimetière du village de Táden, s'arrête, avec un respect mêlé d'émotion, devant une pierre, qu'entoure une simple grille de fer, et sur laquelle on lit ces mots, presque effacés par le temps :

CI-GIT

CLAUDE TOUSSAINT MAROT

SEIGNEUR DE LA GARAYE

BEAUFORT EN DINAN, BARON DE BLAISON

Grand hospitalier,
Commandeur de l'Ordre militaire
de Notre-Dame-du-Mont-Carmel,
de Saint-Lazare et de Jérusalem.
Mort le 2 juillet 1755.

Que son âme repose en paix.

Dans l'enceinte du même grillage, à l'ombre du même if, est une autre tombe, avec cette épitaphe :

CI-GIT

LE CORPS DE MARGUERITE PIQUET

COMTESSE DE LA GARAYE

Décédée le 20 juin 1757.

Priez Dieu pour son âme.

C'est là qu'après un court veuvage, pendant lequel elle continua de se dévouer aux pauvres, Madame de la Garaye vint prendre place à côté de l'homme dont elle avait été la joie pendant plus de cinquante années, et qui l'avait associée à toutes ses bonnes œuvres.

L'herbe croît autour de ce double tombeau et dérobera bientôt, à la pieuse curiosité des passants, les noms de ceux qui dorment là du dernier sommeil.

Le château de la Garaye tombe en ruine, et, dans un demi-siècle, il n'en restera plus que des débris cachés par les ronces.

Mais les institutions de M. et madame Marot de la Garaye leur ont survécu, et le souvenir des bons châtelains restera, tant qu'il y aura sur notre terre de Bretagne un cœur capable de dévouement et de reconnaissance.

FIN.

www.ingramcontent.com/pod-product-compliance
Lightning Source LLC
LaVergne TN
LVHW010037230826
846091LV00005B/1742
* 9 7 8 2 0 1 1 7 6 7 0 2 8 *